AF364364

Autres ouvrages jeunesse de l'illustratrice

Le voyage de Petit escargot
J'ai un dragon dans mon ventre
Les Jumeaux de l'éclipse : L'affaire des chaussettes disparues

Autres ouvrages sur : <u>khalystafarall.fr</u>

Autres documentaires jeunesse de l'autrice

Les cloportes
Le lama
Les gendarmes
Le ragondin
Le blob

Autres ouvrages sur : <u>jeanne-selene.fr</u>

Correction : contact@sanscoquille.fr

JS Éditions
La Haute Boulaye
50300 SAINT-BRICE
ISBN : 978-2-493087-12-6
Conforme à la loi n° 49-956 du 16 juillet 1949
sur les publications destinées à la jeunesse
Dépôt légal : juin 2022
Police : Accessible DfA

Pour faire un bébé...

Khalysta Farall & Jeanne Sélène

Pour faire un bébé,
qu'est-ce qu'il faut ?

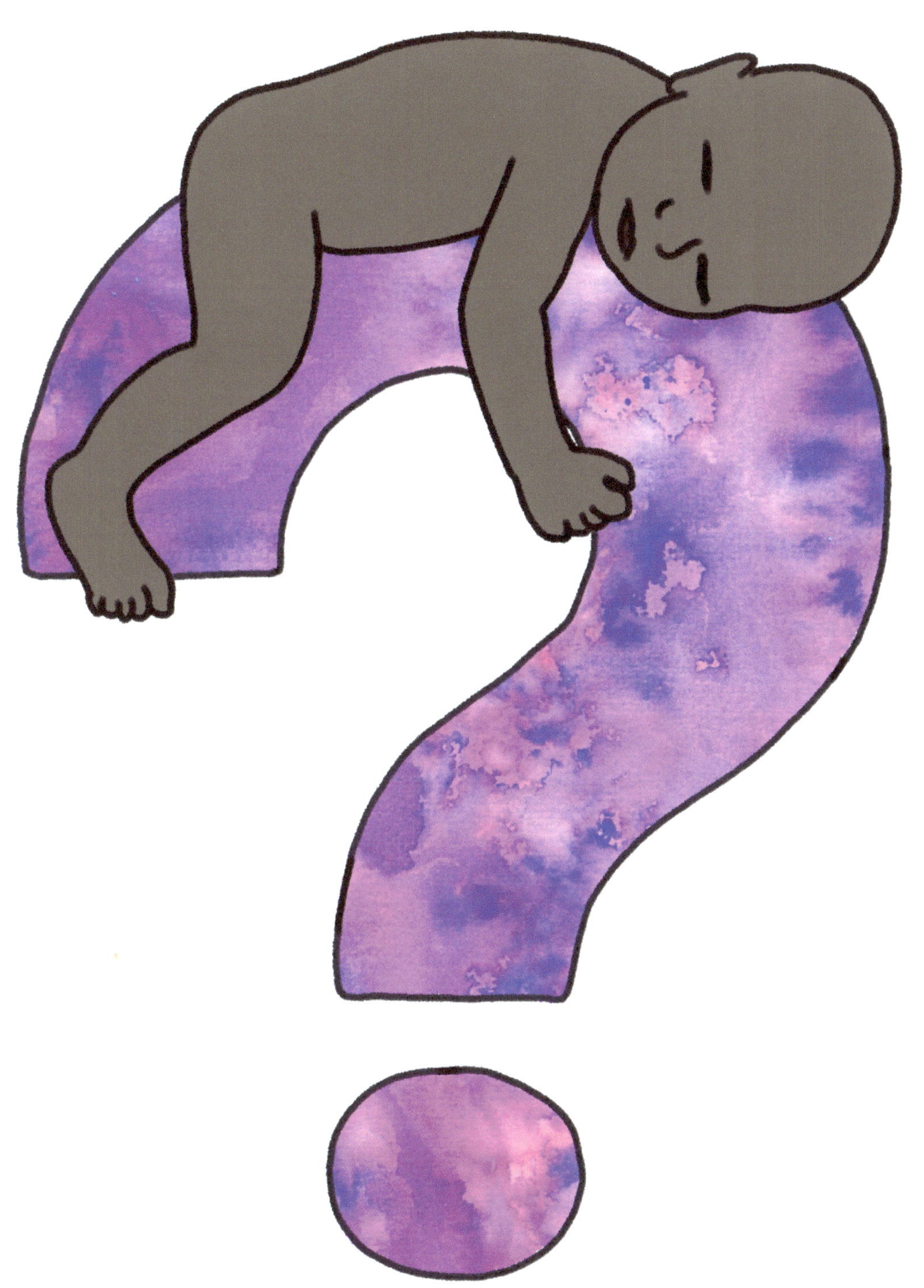

Pour faire un bébé,
il faut un utérus.

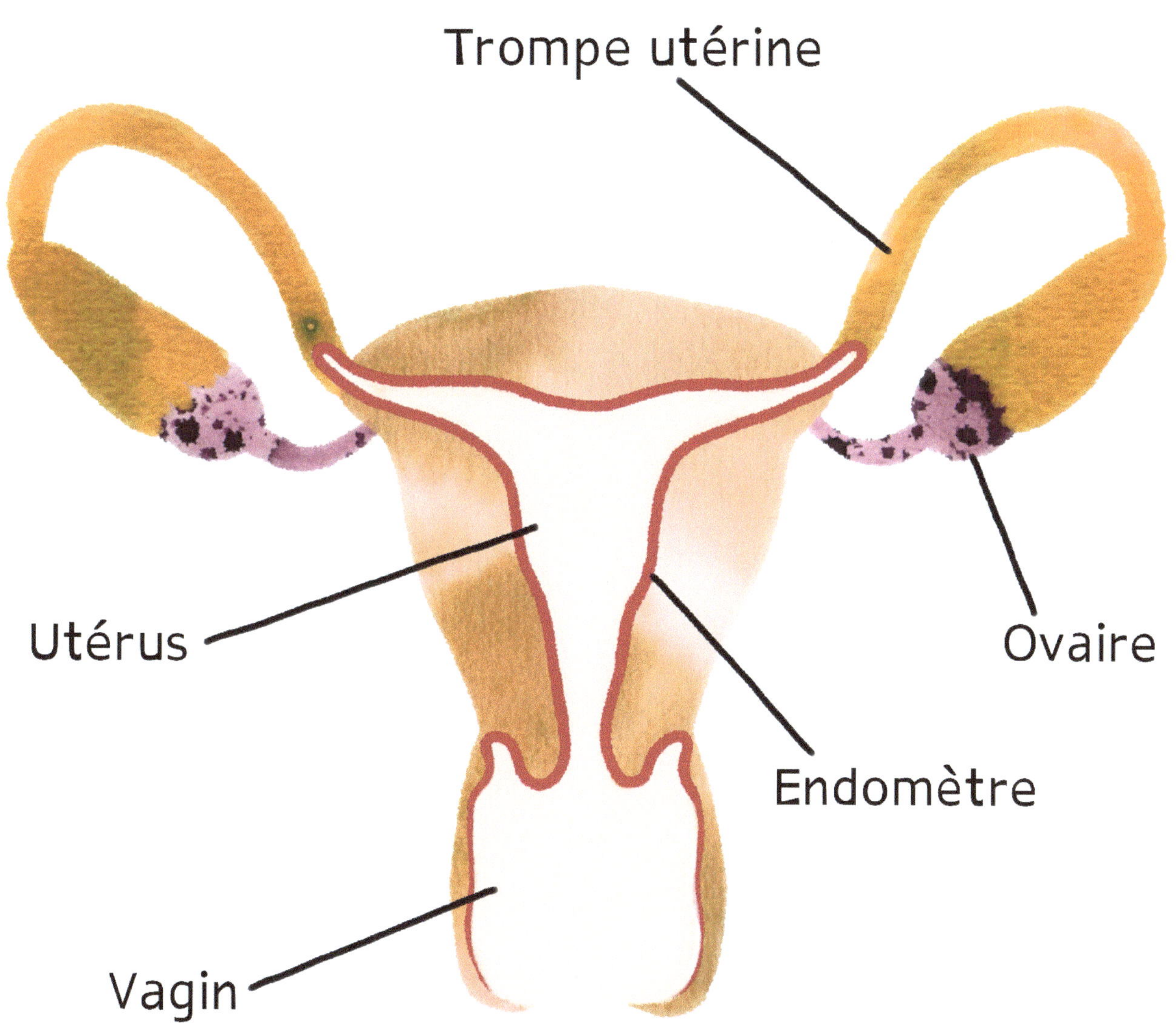

Trompe utérine
Utérus
Ovaire
Endomètre
Vagin

Pour faire un bébé,
il faut aussi un pénis.

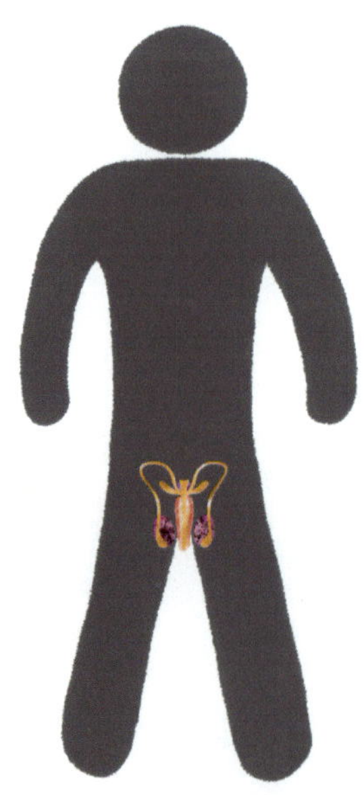

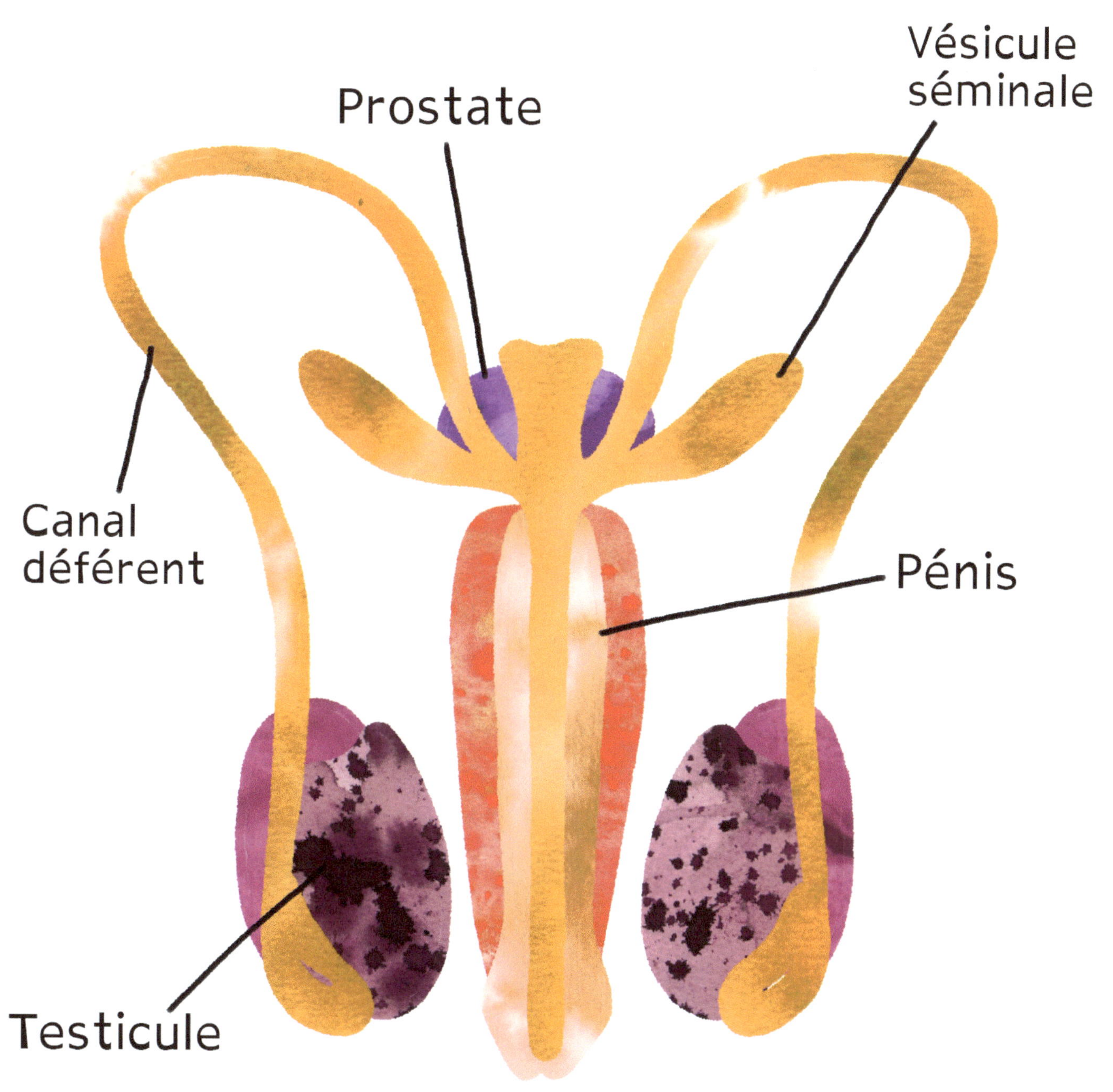

Prostate
Vésicule séminale
Canal déférent
Pénis
Testicule

D'abord, l'utérus fabrique
un matelas tout moelleux,
c'est l'endomètre.

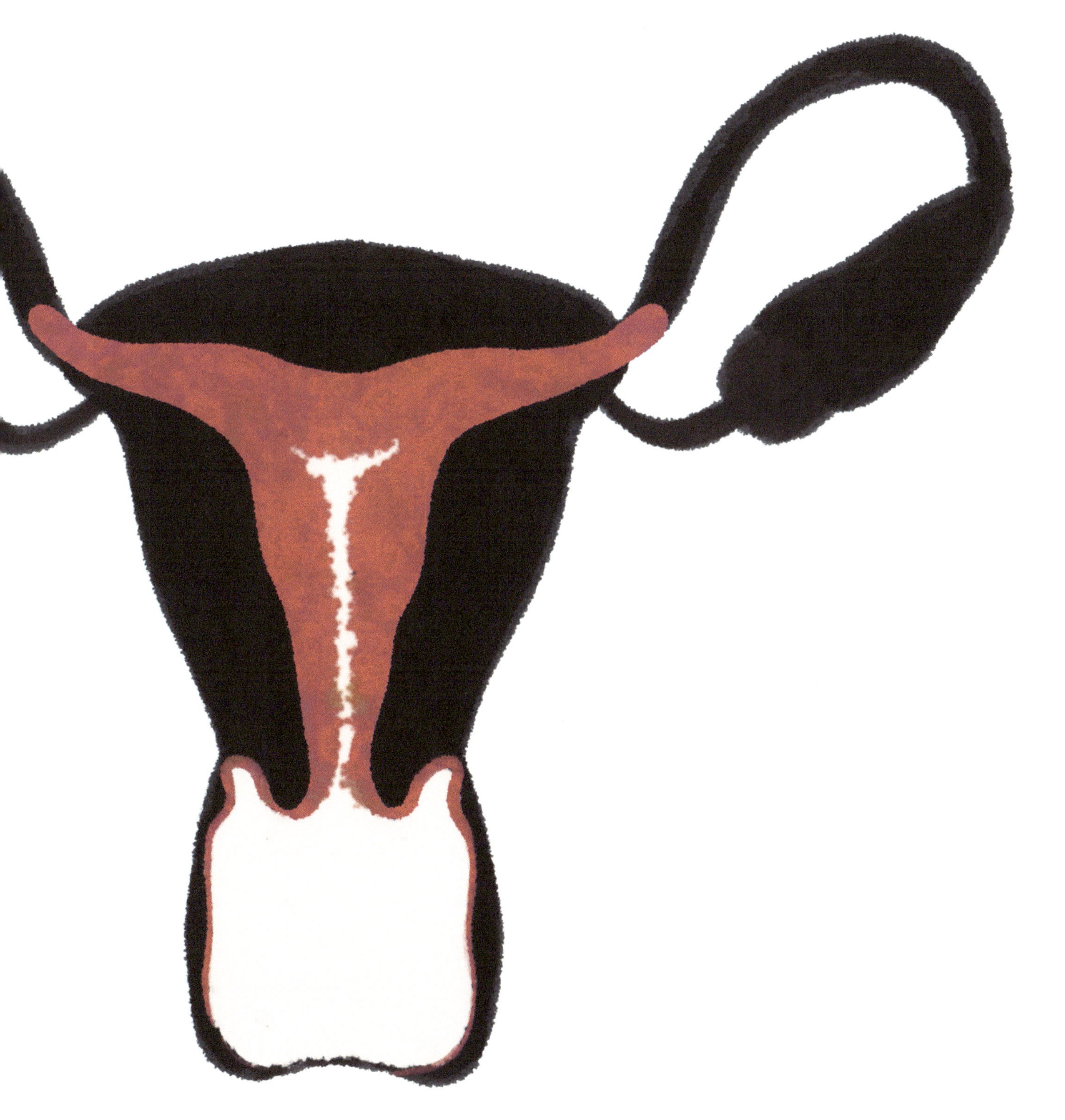

Puis, un ovaire fabrique
un demi-œuf,
c'est un ovocyte.

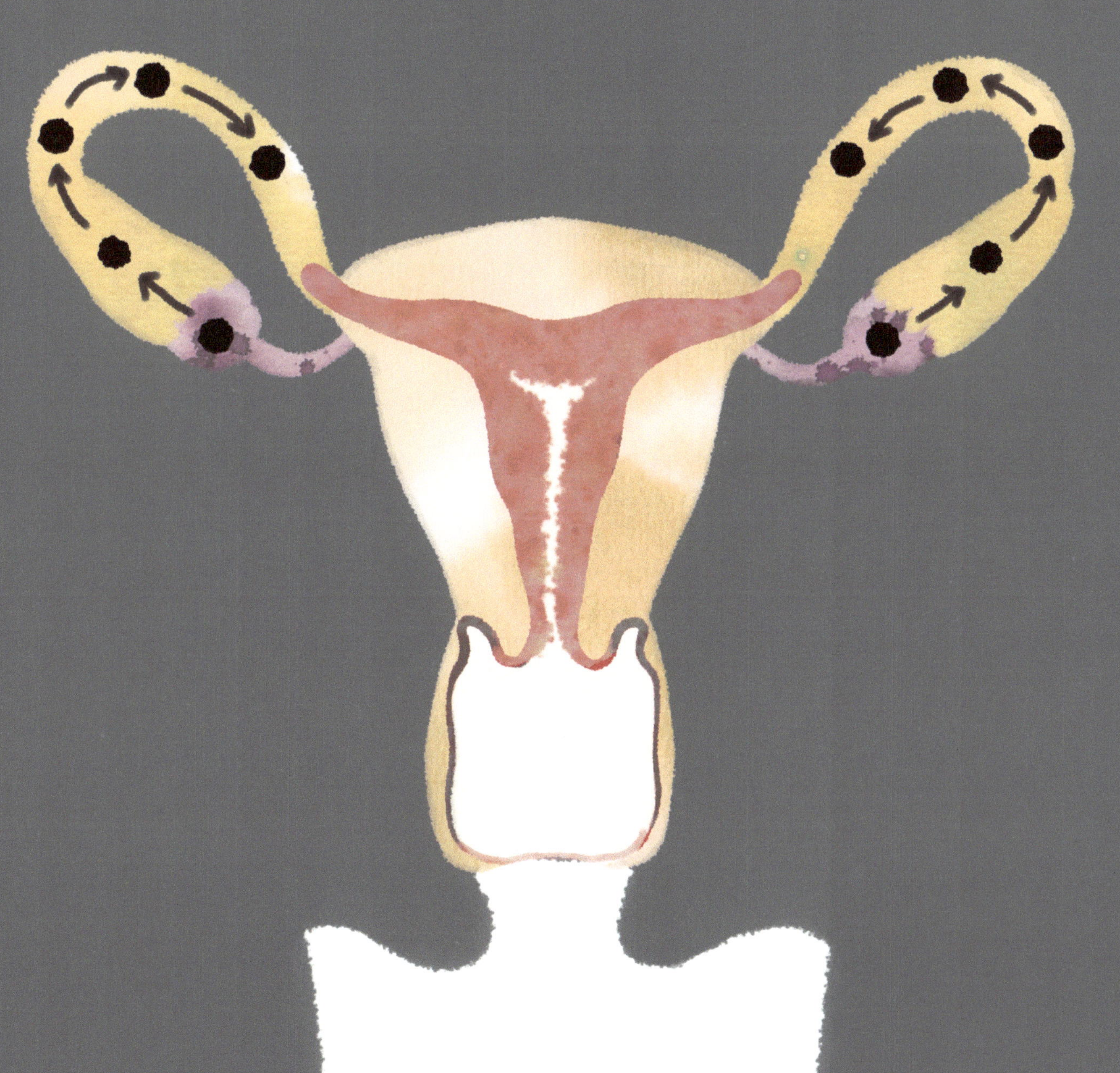

Les testicules fabriquent
plein de demi-œufs, eux aussi :
ce sont des spermatozoïdes.

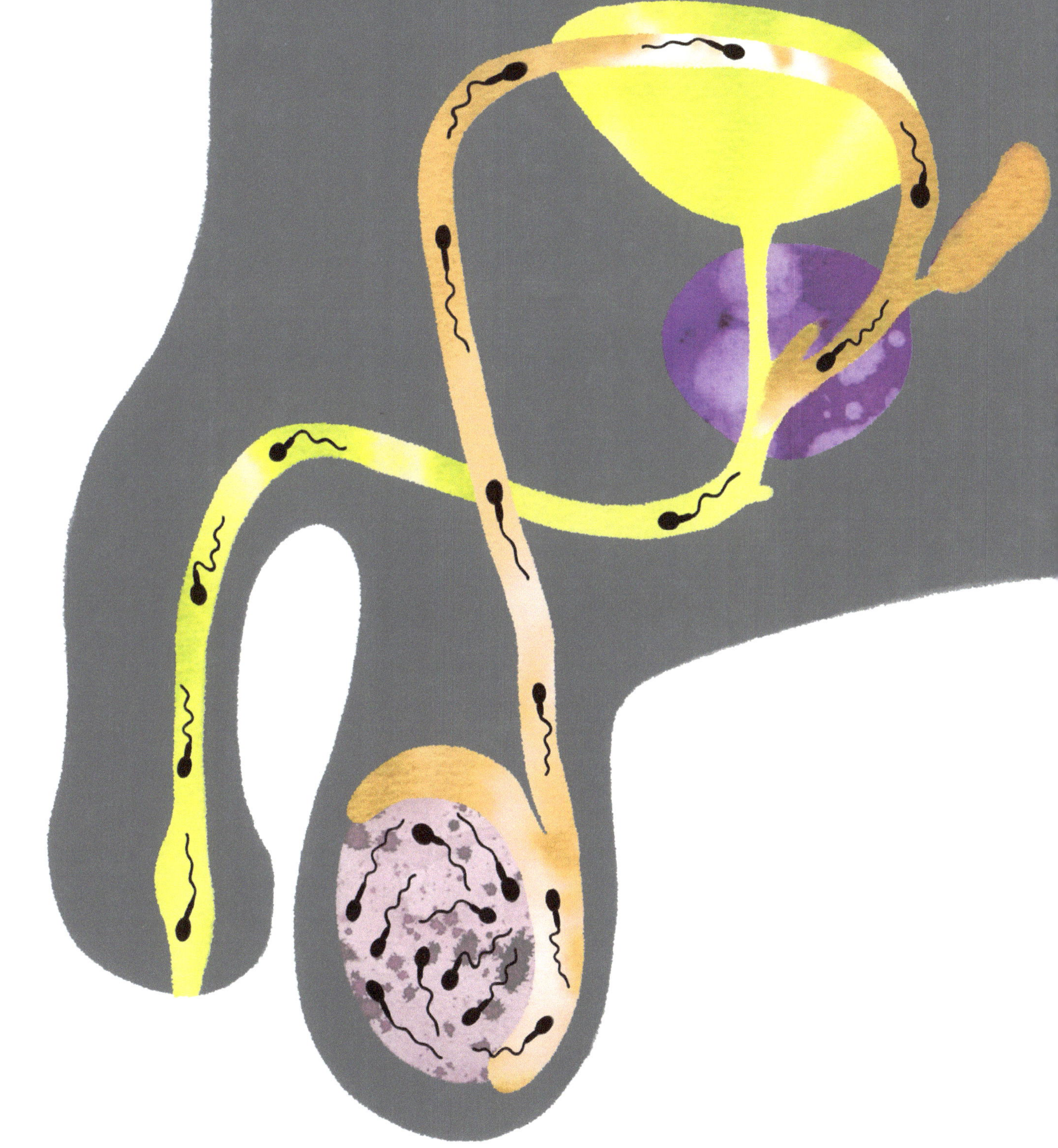

Le plus souvent,
le pénis rentre dans le vagin pour
déposer ses spermatozoïdes.

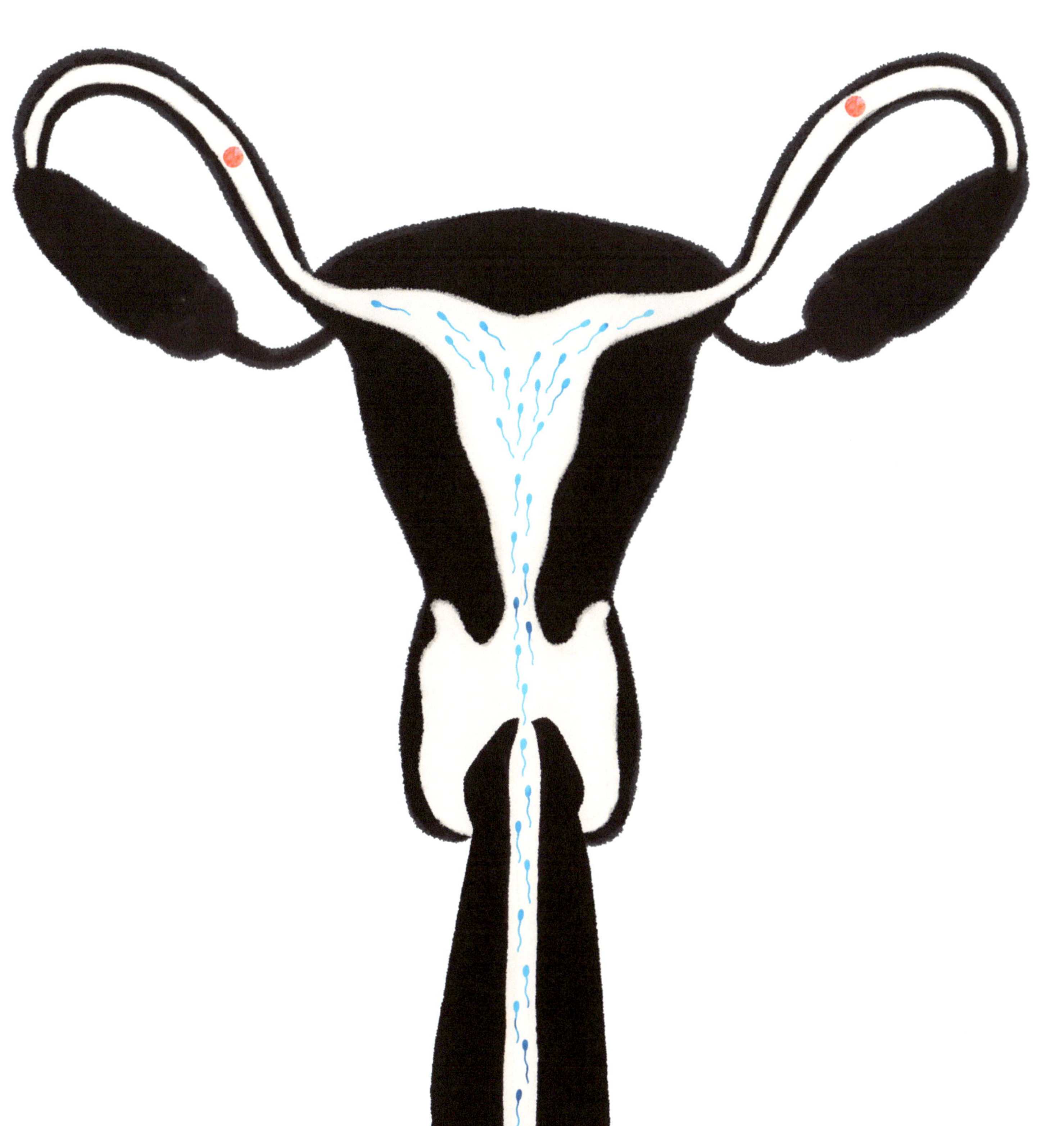

Parfois, c'est un ou une médecin
qui vient déposer les spermatozoïdes
directement dans l'utérus.

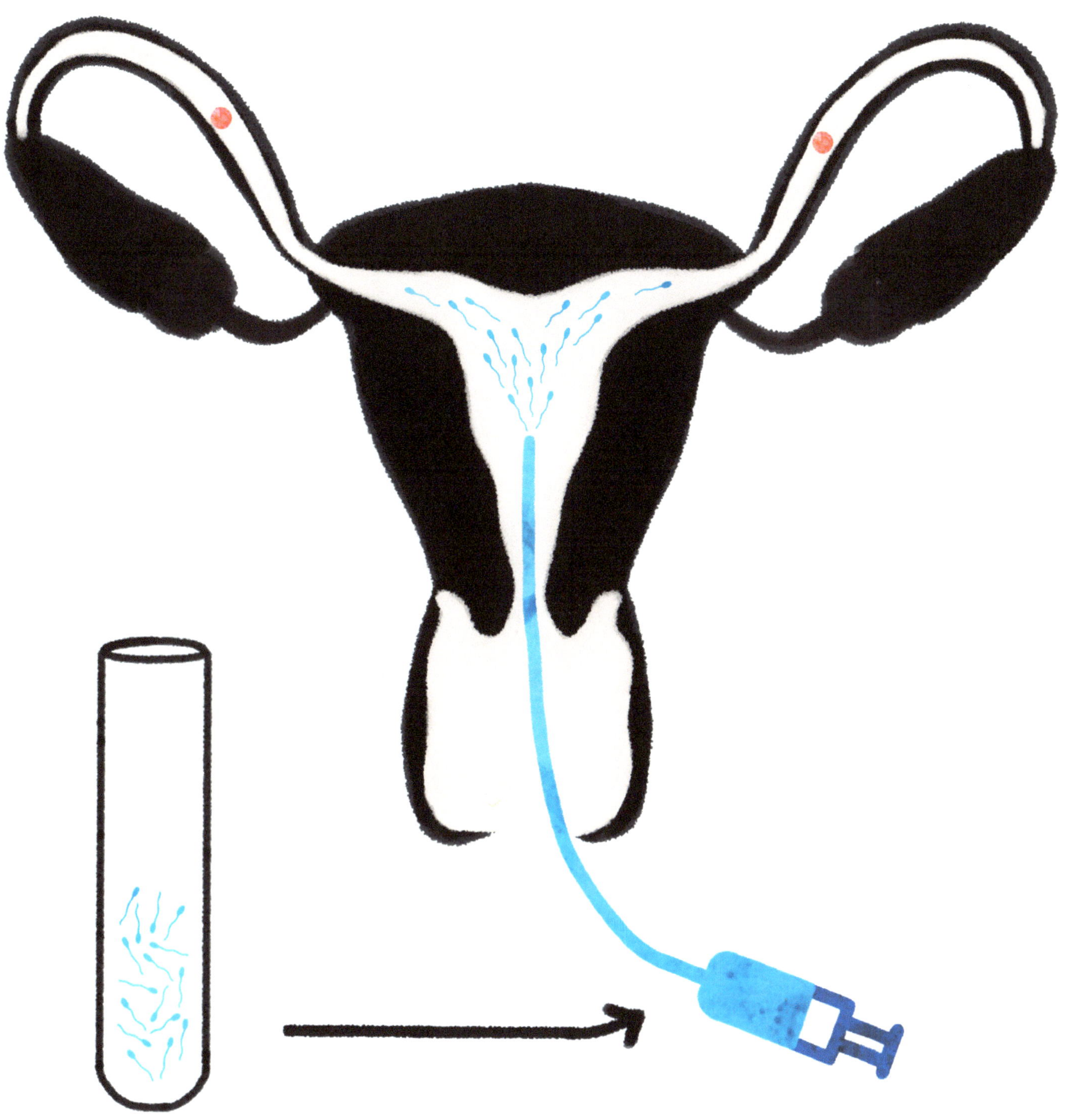

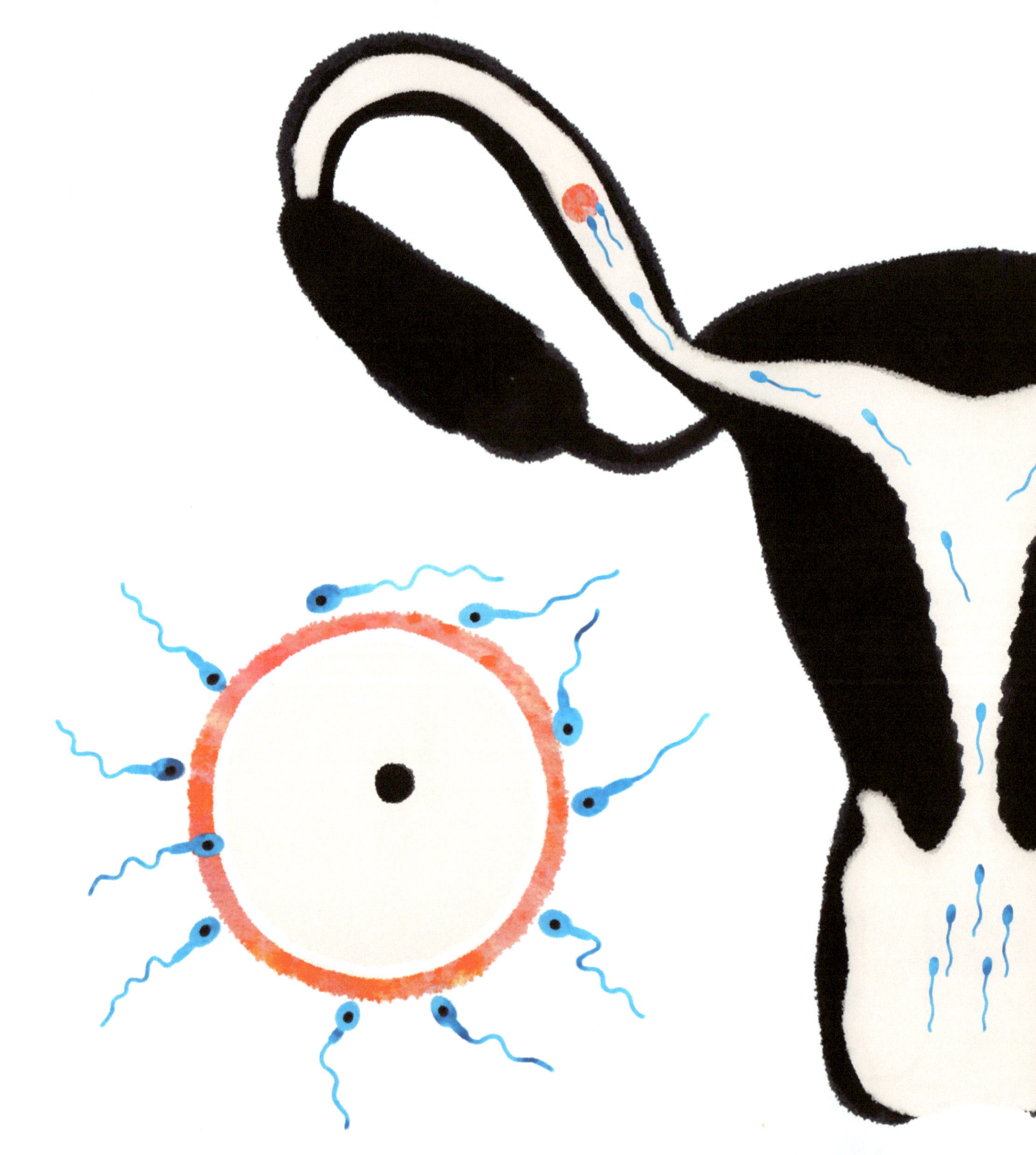

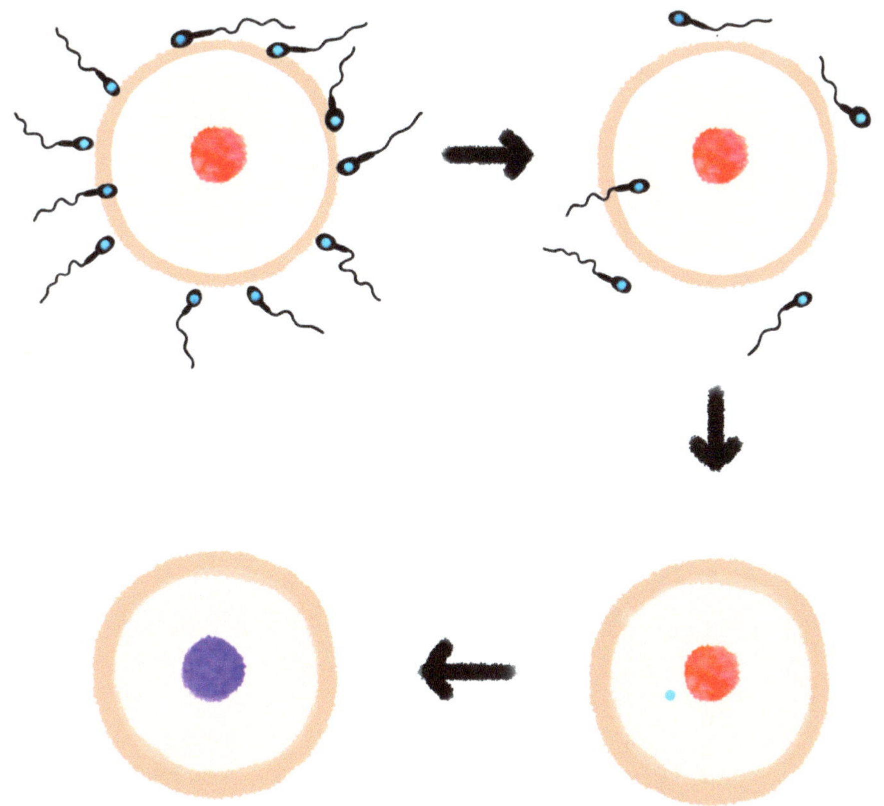

Ensuite, l'ovocyte descend vers l'utérus
et croise les spermatozoïdes.
Il choisit celui qui lui convient le plus
et ils se mélangent
pour former un œuf complet.
C'est la fécondation.

Il arrive que la fécondation
se fasse à l'aide d'un ou une médecin,
dans une éprouvette.
Puis l'œuf complet est déposé dans l'utérus.

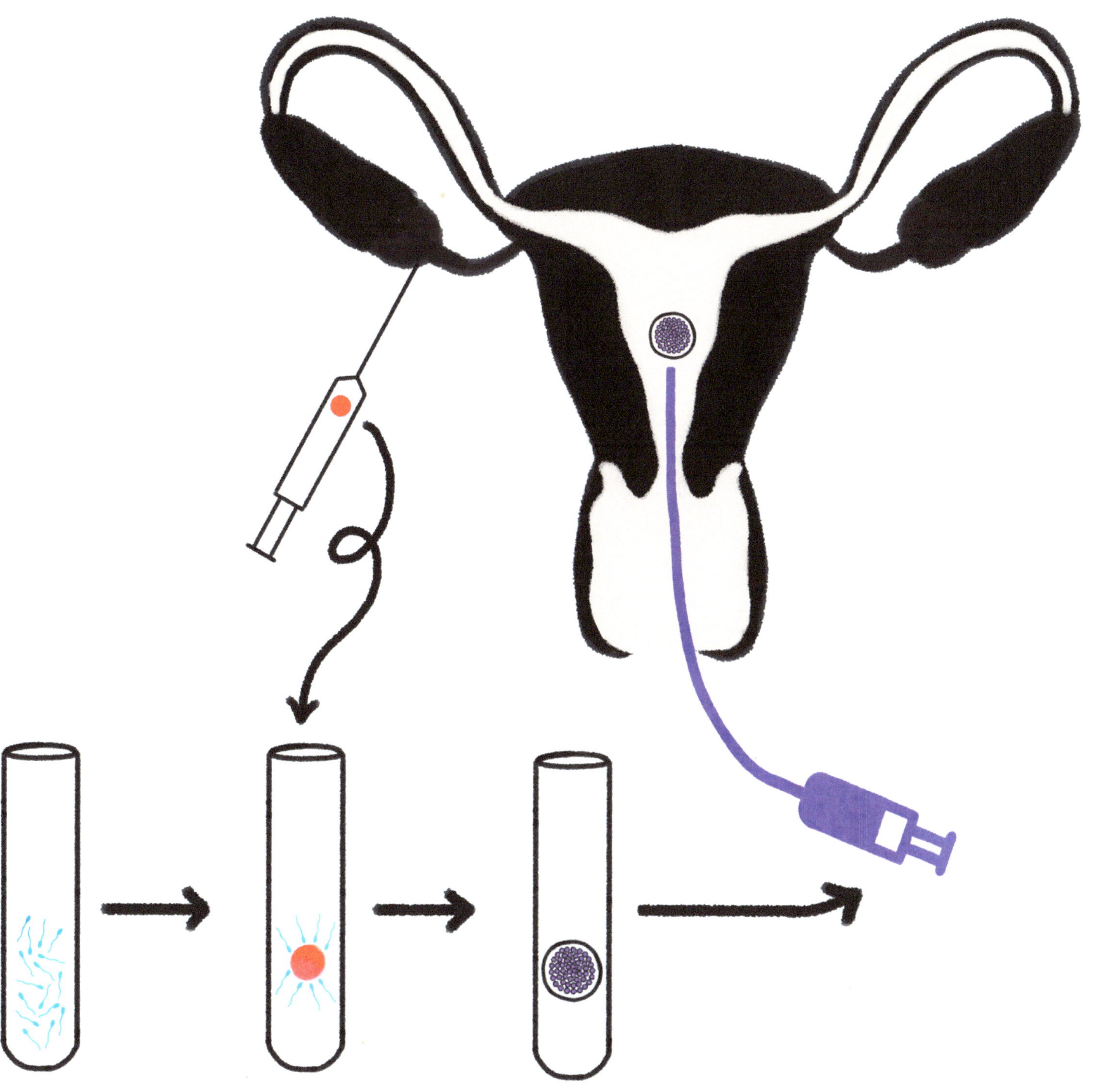

L'œuf commence à se diviser
pour former plein de cellules.
Puis il s'installe dans l'utérus,
c'est la nidation.

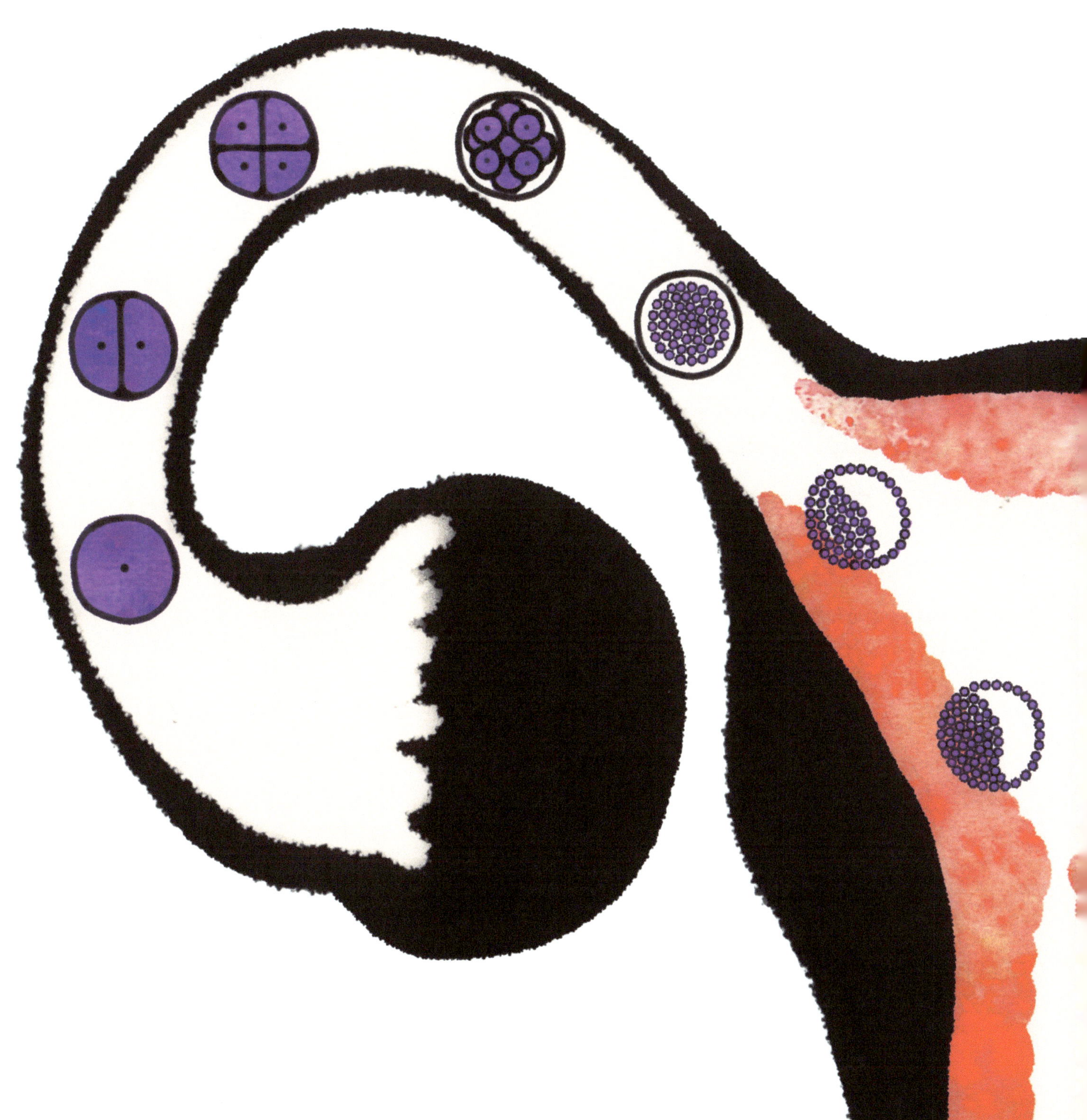

Les cellules s'organisent
et se diversifient
pour créer un embryon
puis un fœtus.

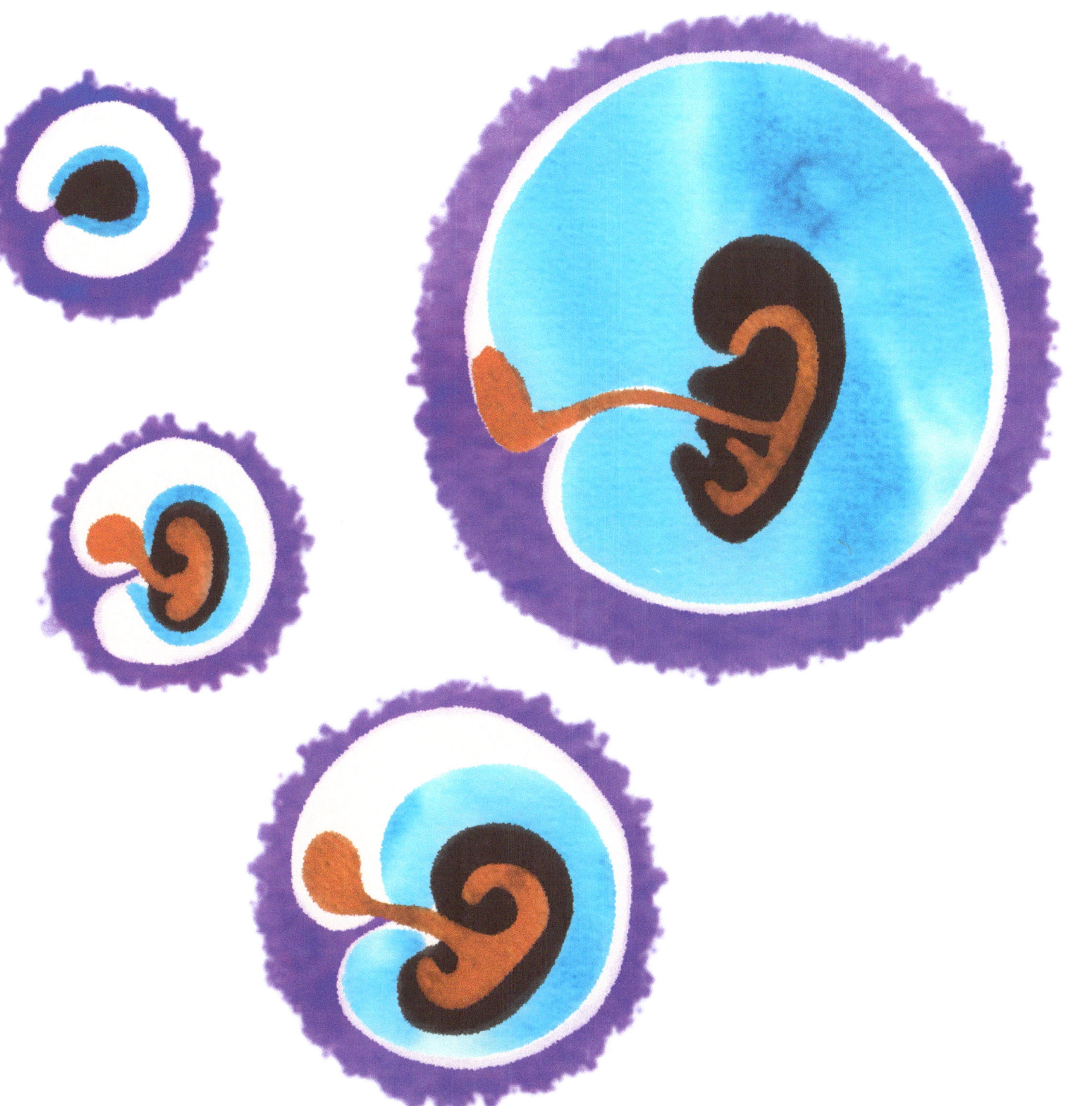

Le fœtus grandit
jusqu'à devenir un bébé.

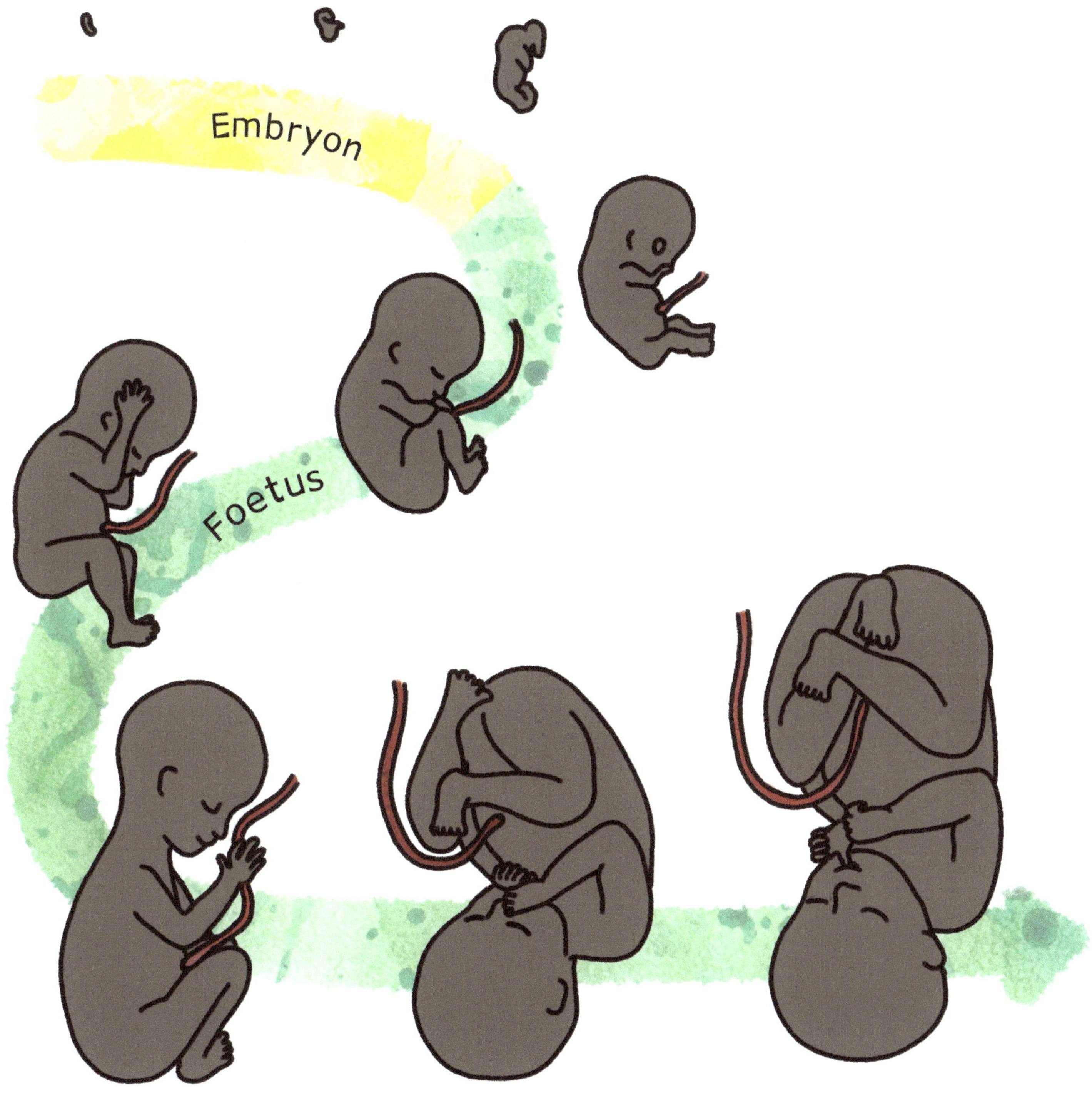

Embryon
Foetus

Le bébé se nourrit
et respire grâce au sang
fourni par un tuyau :
le cordon ombilical,
qui est relié au placenta.

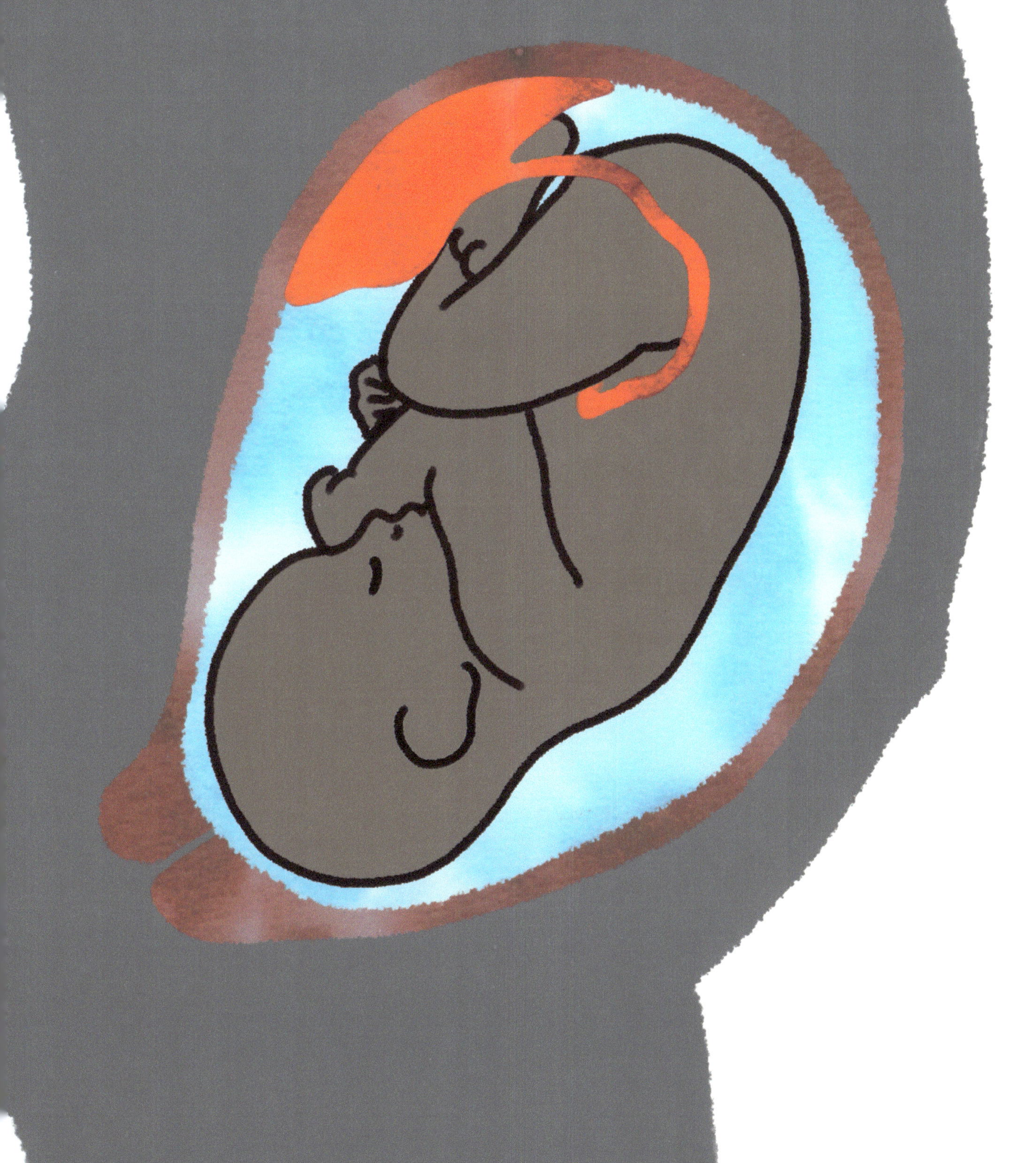

Parfois, il y a plusieurs bébés.
Les bébés peuvent grandir
dans la même poche
ou dans des poches séparées.

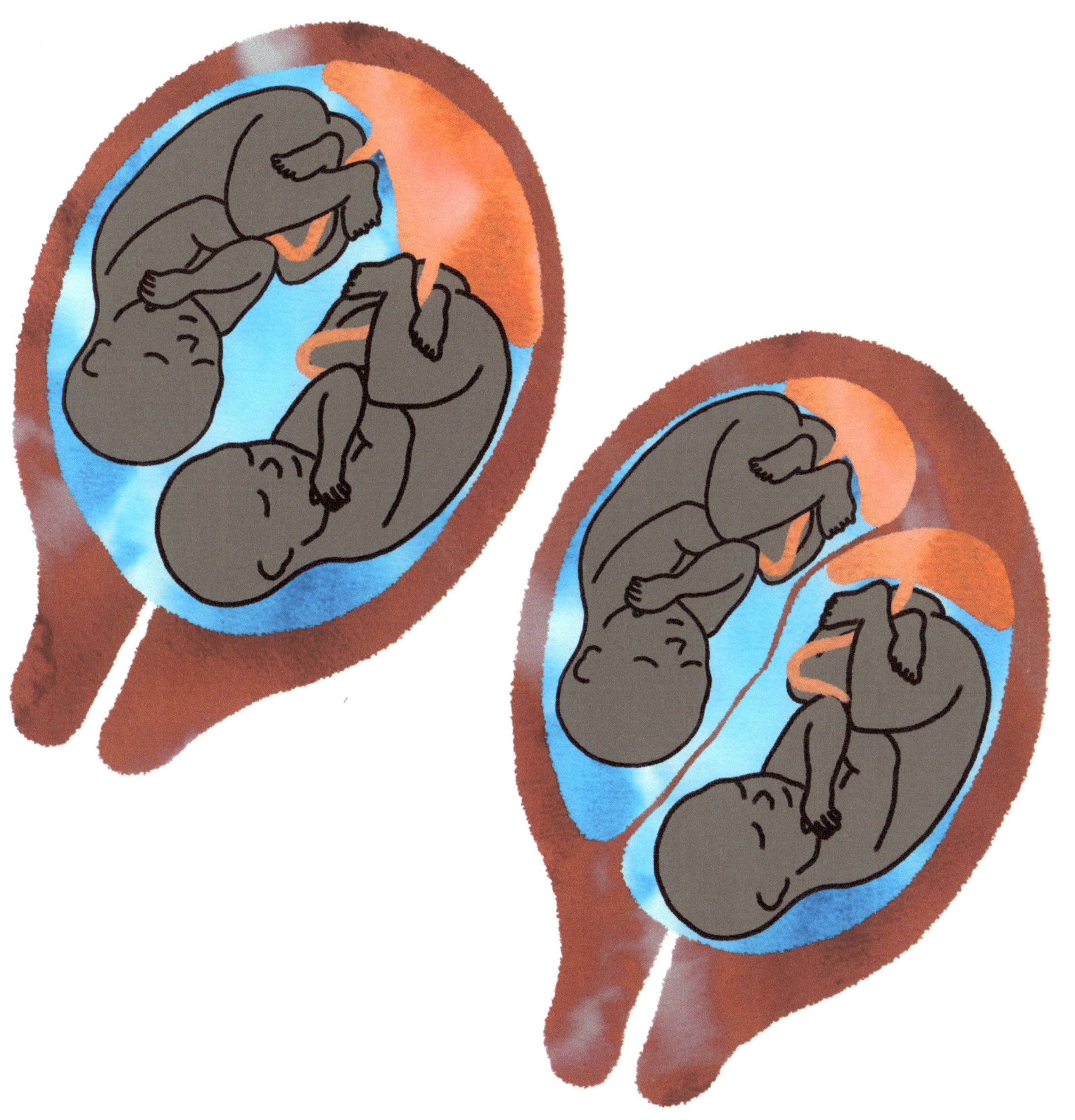

Souvent,
quand le bébé est bientôt prêt à sortir,
il se place tête en bas.

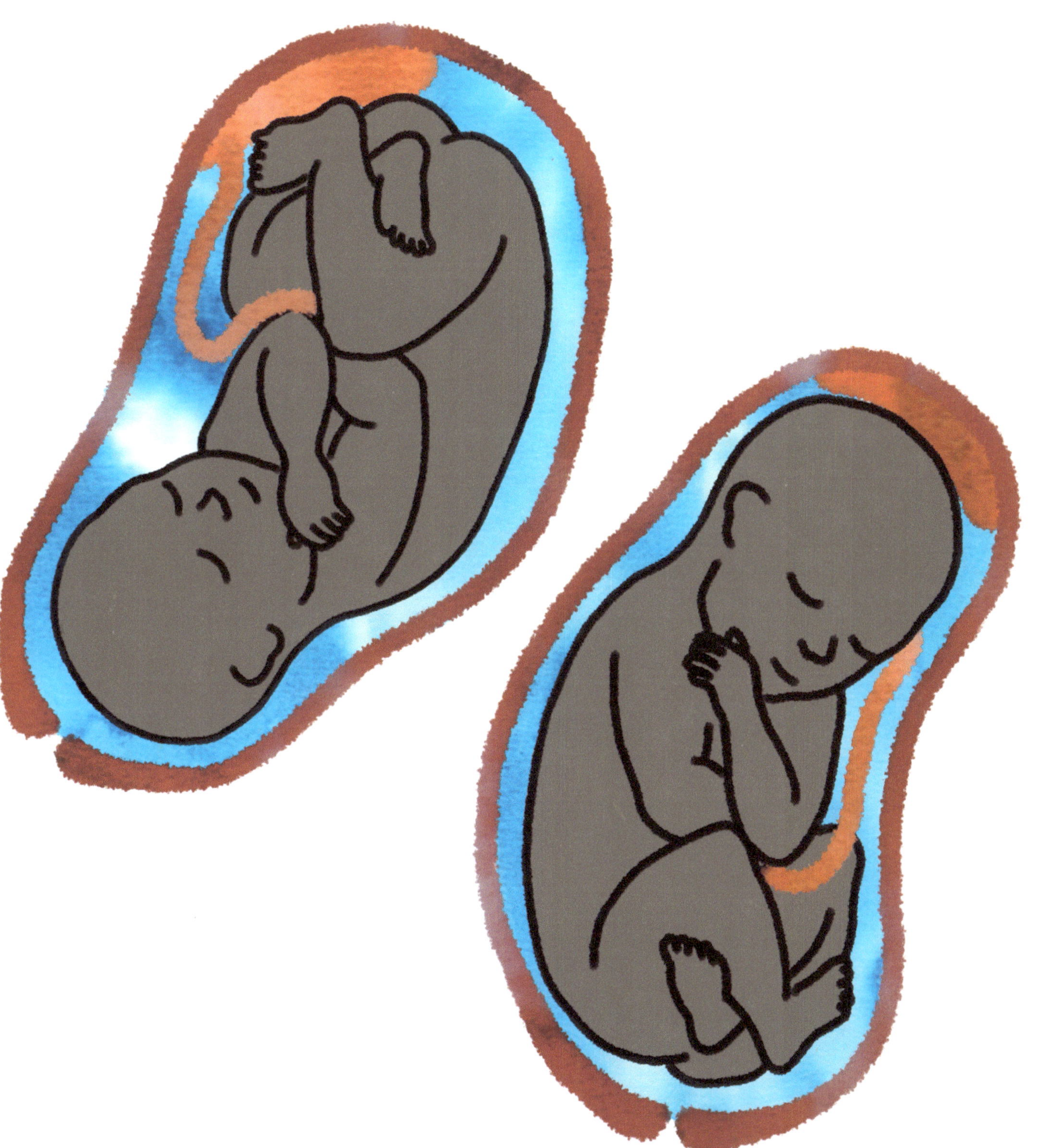

Puis, après environ 9 mois,
l'utérus se contracte
et le col s'ouvre
pour que le bébé puisse sortir.

Le bébé sort le plus souvent
par le méat vaginal.
C'est une naissance par voie basse.

La personne qui accouche peut
prendre différentes positions
pour aider le bébé à sortir.

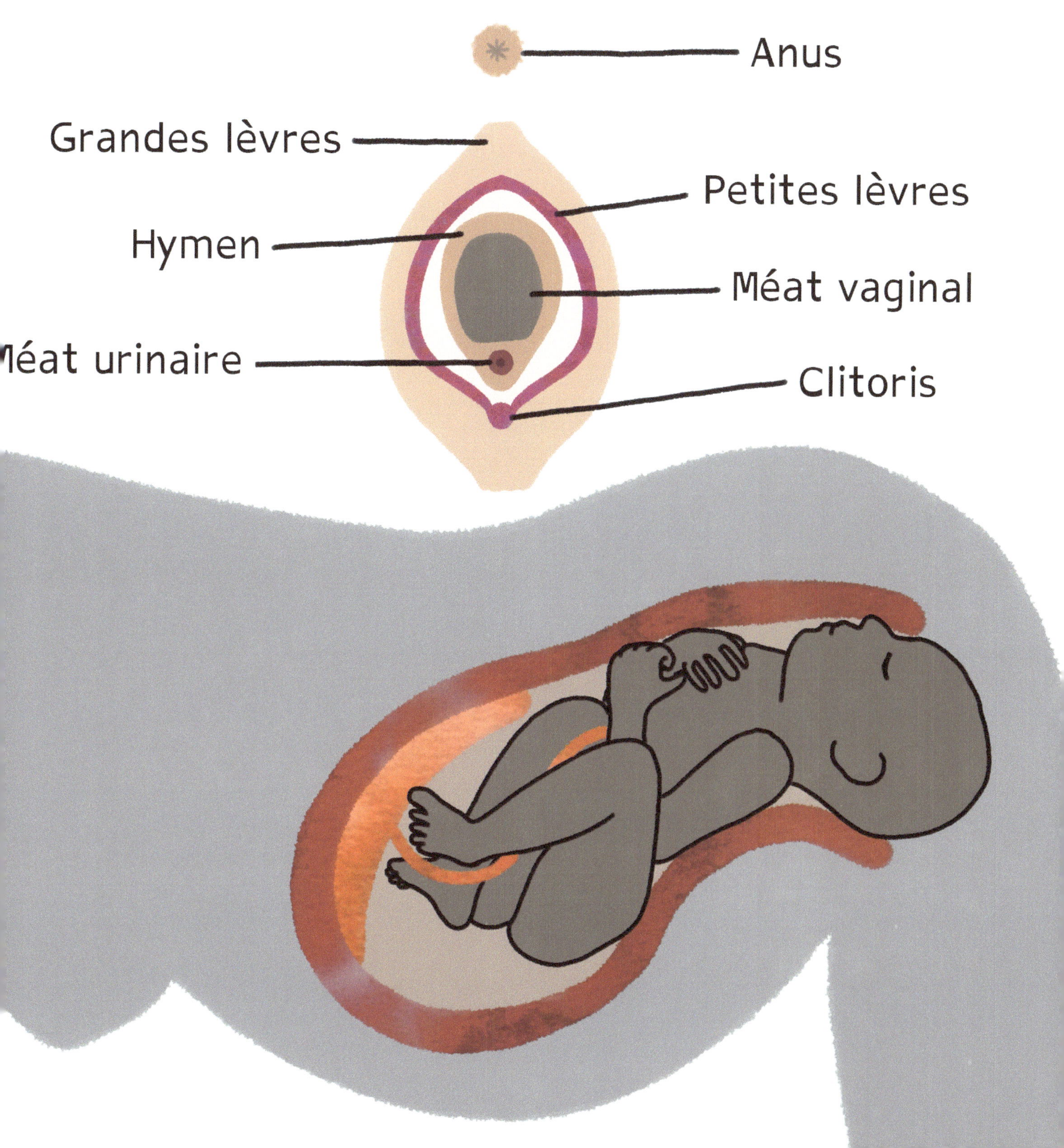

Anus
Grandes lèvres
Petites lèvres
Hymen
Méat vaginal
Méat urinaire
Clitoris

Parfois, ce n'est pas possible.
Un ou une médecin va alors
créer une ouverture dans le ventre,
sortir le bébé, puis refermer.
C'est une césarienne.

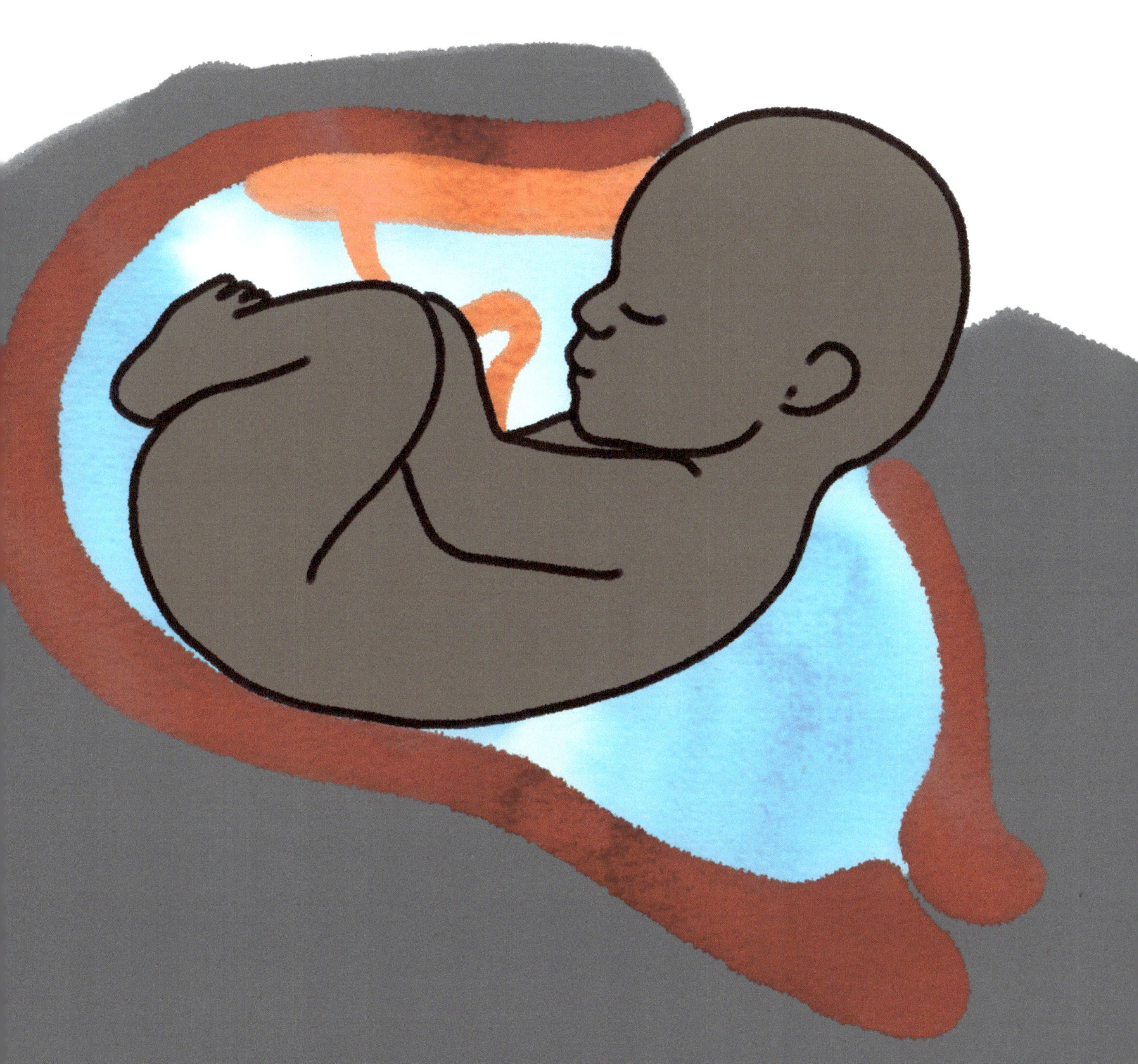

Et voilà, le bébé est là !

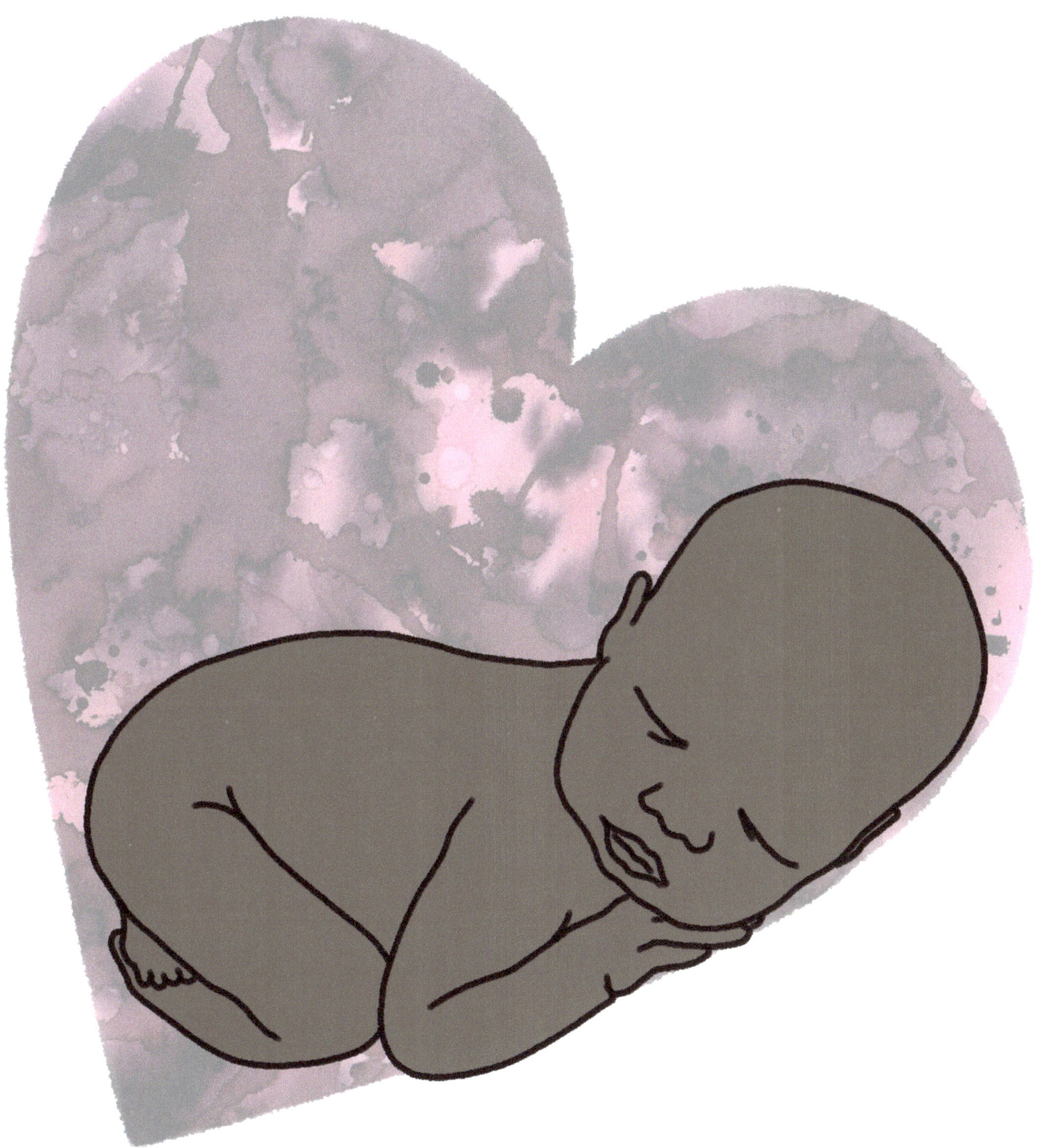

Mais un utérus n'est pas obligé
de préparer un bébé !
S'il n'y a pas de fécondation,
le nid douillet est détruit
et s'écoule par le vagin sous forme de sang.
Ce sont les règles.

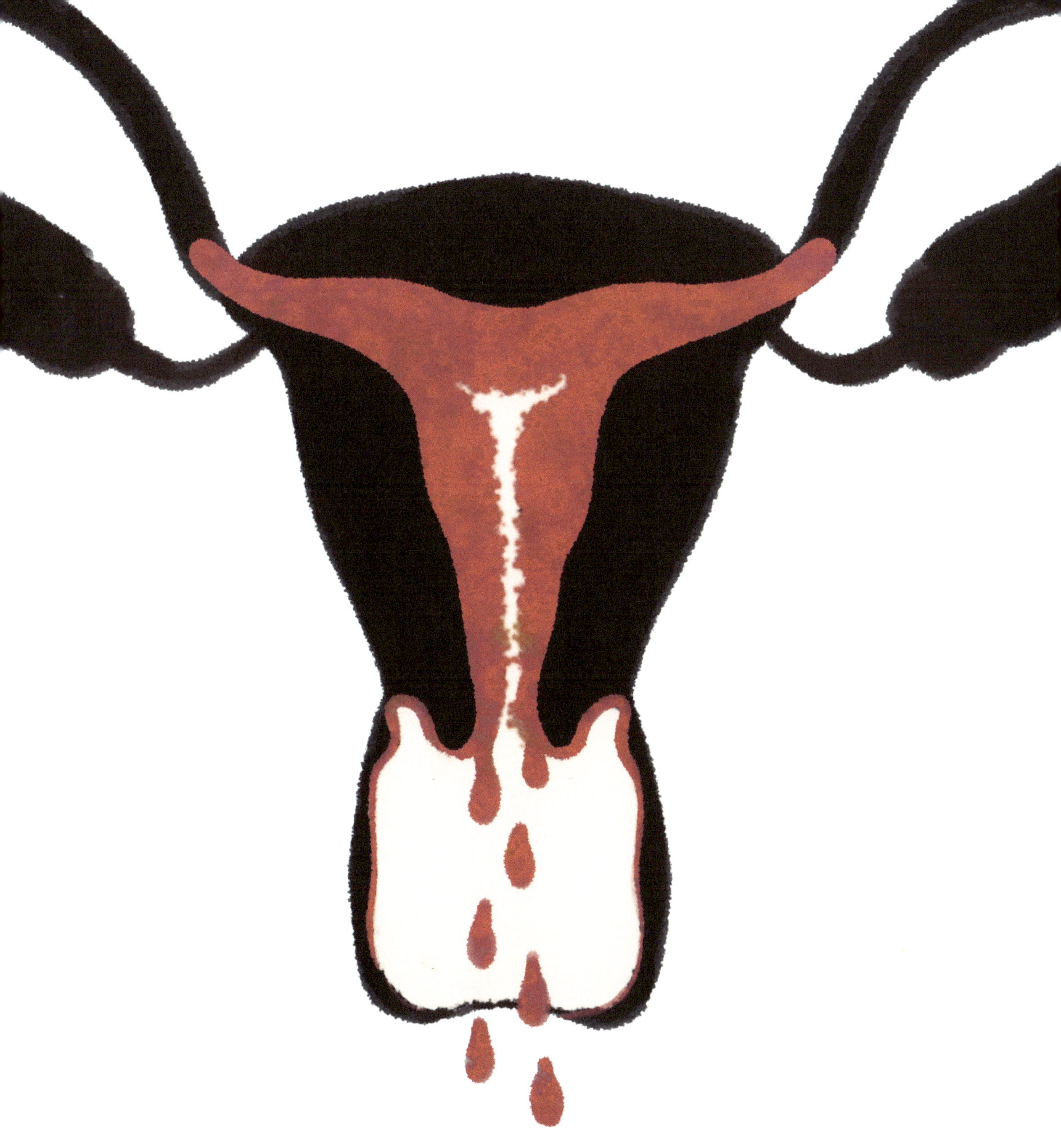

Puis au cycle suivant,
l'utérus prépare un nouveau matelas,
juste au cas où !

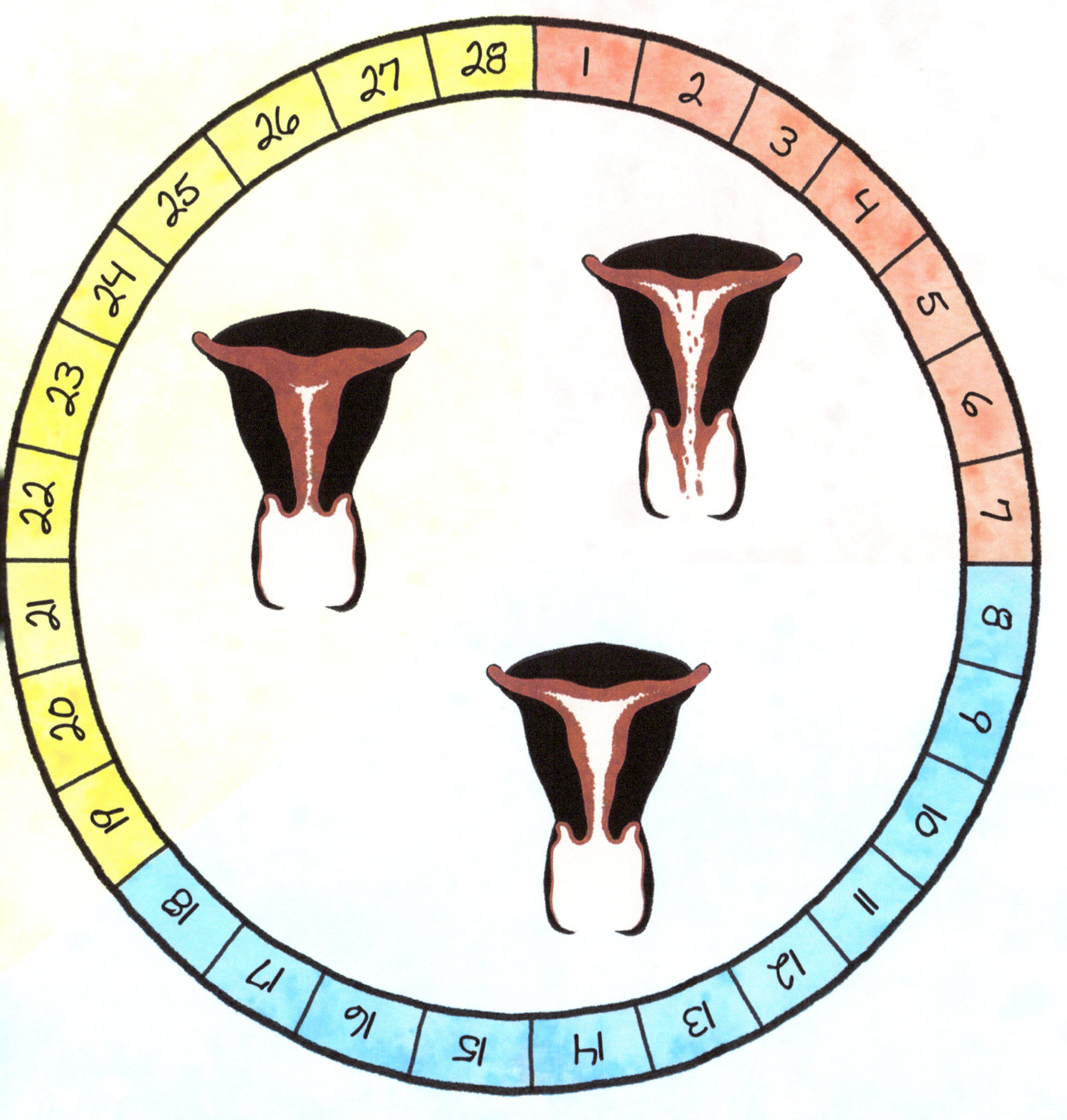

1
2
3
4
5
6
7
8
9
10
11
12
13
14
15
16
17
18
19
20
21
22
23
24
25
26
27
28

Et pour accueillir un bébé,
qu'est-ce qu'il faut ?

Pour accueillir un bébé,
il faut beaucoup d'amour,
mais ça, c'est une autre histoire...

Achevé d'imprimer
avec amour et
à la demande,
via KDP.

www.ingramcontent.com/pod-product-compliance
Lightning Source LLC
LaVergne TN
LVHW071622180726
843512LV00002B/226